TRANZLATY

Sprache ist für alle da

Мова для всіх

Die Schöne und das Biest

Красуня і чудовисько

Gabrielle-Suzanne Barbot de Villeneuve

Deutsch / Українська

Copyright © 2025 Tranzlaty
All rights reserved
Published by Tranzlaty
ISBN: 978-1-80572-033-1
Original text by Gabrielle-Suzanne Barbot de Villeneuve
La Belle et la Bête
First published in French in 1740
Taken from The Blue Fairy Book (Andrew Lang)
Illustration by Walter Crane
www.tranzlaty.com

Es war einmal ein reicher Kaufmann
Був колись один багатий купець
dieser reiche Kaufmann hatte sechs Kinder
у цього багатого купця було шестеро дітей
Er hatte drei Söhne und drei Töchter
у нього було три сини і три дочки
Er hat keine Kosten für ihre Ausbildung gescheut
він не шкодував коштів для їхньої освіти
weil er ein vernünftiger Mann war
бо він був розумною людиною
aber er gab seinen Kindern viele Diener
але він дав своїм дітям багато слуг
seine Töchter waren überaus hübsch
його дочки були надзвичайно гарні
und seine jüngste Tochter war besonders hübsch
а його молодша дочка була особливо гарна
Schon als Kind wurde ihre Schönheit bewundert
у дитинстві її красою вже захоплювалися
und die Leute nannten sie nach ihrer Schönheit
і люди прозвали її за її красу
Ihre Schönheit verblasste nicht, als sie älter wurde
її краса не зникала, коли вона старіла
Deshalb nannten die Leute sie weiterhin wegen ihrer Schönheit
тому люди продовжували називати її за її красу
das machte ihre Schwestern sehr eifersüchtig
це дуже заздрило її сестрам
Die beiden ältesten Töchter waren sehr stolz
дві старші доньки мали велику гордість
Ihr Reichtum war die Quelle ihres Stolzes
їхнє багатство було джерелом їхньої гордості
und sie verbargen ihren Stolz nicht
та й гордості не приховували
Sie besuchten nicht die Töchter anderer Kaufleute
до інших купецьких дочок не ходили
weil sie nur mit Aristokraten zusammentreffen

тому що вони зустрічаються лише з аристократією
Sie gingen jeden Tag zu Partys
вони щодня ходили на вечірки
Bälle, Theaterstücke, Konzerte usw.
бали, вистави, концерти тощо
und sie lachten über ihre jüngste Schwester
і вони сміялися над своєю молодшою сестрою
weil sie die meiste Zeit mit Lesen verbrachte
тому що більшу частину часу вона проводила за читанням
Es war allgemein bekannt, dass sie reich waren
було добре відомо, що вони заможні
so hielten mehrere bedeutende Kaufleute um ihre Hand an
тож кілька відомих купців попросили їхньої руки
aber sie sagten, sie würden nicht heiraten
але сказали, що одружуватися не збираються
aber sie waren bereit, einige Ausnahmen zu machen
але вони були готові зробити деякі винятки
„Vielleicht könnte ich einen Herzog heiraten"
«Можливо, я міг би вийти заміж за герцога»
„Ich schätze, ich könnte einen Grafen heiraten"
«Здається, я могла б вийти заміж за графа»
Schönheit dankte sehr höflich denen, die ihr einen Antrag gemacht hatten
Красуня дуже цивілізовано подякувала тим, хто зробив їй пропозицію
Sie sagte ihnen, sie sei noch zu jung zum Heiraten
вона сказала їм, що ще занадто молода, щоб вийти заміж
Sie wollte noch ein paar Jahre bei ihrem Vater bleiben
вона хотіла залишитися ще кілька років з батьком
Auf einmal verlor der Kaufmann sein Vermögen
Раптом купець втратив свій капітал
er verlor alles außer einem kleinen Landhaus
він втратив усе, окрім маленької дачі
und er sagte seinen Kindern mit Tränen in den Augen:
і він сказав своїм дітям зі сльозами на очах:
„Wir müssen aufs Land gehen"

"ми повинні їхати в село"
„und wir müssen für unseren Lebensunterhalt arbeiten"
"і ми повинні працювати, щоб заробити на життя"
die beiden ältesten Töchter wollten die Stadt nicht verlassen
дві старші дочки не хотіли їхати з міста
Sie hatten mehrere Liebhaber in der Stadt
у них було кілька коханців у місті
und sie waren sicher, dass einer ihrer Liebhaber sie heiraten würde
і вони були впевнені, що один із їхніх коханців одружиться з ними
Sie dachten, ihre Liebhaber würden sie heiraten, auch wenn sie kein Vermögen hätten
вони думали, що їхні коханці одружаться з ними навіть без достатку
aber die guten Damen haben sich geirrt
але добрі дами помилилися
Ihre Liebhaber verließen sie sehr schnell
їхні коханці дуже швидко їх покинули
weil sie kein Vermögen mehr hatten
бо в них уже не було статків
das zeigte, dass sie nicht wirklich beliebt waren
це показало, що їх насправді не дуже люблять
alle sagten, sie verdienen kein Mitleid
всі казали, що вони не заслуговують на жалість
„**Wir sind froh, dass ihr Stolz gedemütigt wurde**"
«Ми раді бачити їхню гордість приниженою»
„**Lasst sie stolz darauf sein, Kühe zu melken**"
"нехай пишаються доїнням корів"
aber sie waren um Schönheit besorgt
але вони були стурбовані красою
sie war so ein süßes Geschöpf
вона була таким милим створінням
Sie sprach so freundlich zu armen Leuten
вона так ласкаво розмовляла з бідними людьми
und sie war von solch unschuldiger Natur

і вона була такого невинного характеру
Mehrere Herren hätten sie geheiratet
Кілька панів одружилися б з нею
Sie hätten sie geheiratet, obwohl sie arm war
вони б одружилися з нею, хоча вона була бідна
aber sie sagte ihnen, sie könne sie nicht heiraten
але вона сказала їм, що не може вийти за них заміж
weil sie ihren Vater nicht verlassen wollte
тому що вона не залишить свого батька
sie war entschlossen, mit ihm aufs Land zu fahren
вона вирішила поїхати з ним у сільську місцевість
damit sie ihn trösten und ihm helfen konnte
щоб вона могла його втішити і допомогти
Die arme Schönheit war zunächst sehr betrübt
Бідна красуня спочатку дуже засмутилася
sie war betrübt über den Verlust ihres Vermögens
вона переживала втрату свого стану
„Aber Weinen wird mein Schicksal nicht ändern"
"але плач не змінить моєї долі"
„Ich muss versuchen, ohne Reichtum glücklich zu sein"
«Я повинен спробувати зробити себе щасливим без багатства»
Sie kamen zu ihrem Landhaus
вони приїхали на свою дачу
und der Kaufmann und seine drei Söhne widmeten sich der Landwirtschaft
і купець із трьома синами зайнявся землеробством
Schönheit stand um vier Uhr morgens auf
красуня піднялася о четвертій ранку
und sie beeilte sich, das Haus zu putzen
і вона поспішила прибирати в хаті
und sie sorgte dafür, dass das Abendessen fertig war
і вона подбала про те, щоб вечеря була готова
ihr neues Leben fiel ihr zunächst sehr schwer
на початку їй було дуже важко нове життя
weil sie diese Arbeit nicht gewohnt war

бо вона не звикла до такої роботи
aber in weniger als zwei Monaten wurde sie stärker
але менш ніж за два місяці вона зміцніла
und sie war gesünder als je zuvor
і вона була здоровішою, ніж будь-коли раніше
nachdem sie ihre arbeit erledigt hatte, las sie
після того, як вона зробила свою роботу, вона прочитала
sie spielte Cembalo
вона грала на клавесині
oder sie sang, während sie Seide spann
або вона співала, поки пряла шовк
im Gegenteil, ihre beiden Schwestern wussten nicht, wie sie ihre Zeit verbringen sollten
Навпаки, дві її сестри не знали, як проводити час
Sie standen um zehn auf und taten den ganzen Tag nichts anderes als herumzufaulenzen
вони вставали о десятій і цілий день нічого не робили, тільки ледарювали
Sie beklagten den Verlust ihrer schönen Kleider
вони оплакували втрату свого прекрасного одягу
und sie beklagten sich über den Verlust ihrer Bekannten
і вони скаржилися на втрату своїх знайомих
„Schau dir unsere jüngste Schwester an", sagten sie zueinander
«Погляньте на нашу молодшу сестру», — казали вони один одному
„Was für ein armes und dummes Geschöpf sie ist"
"яка ж вона бідна і дурна істота"
„Es ist gemein, mit so wenig zufrieden zu sein"
"підло задовольнятися таким малим"
der freundliche Kaufmann war ganz anderer Meinung
добрий купець був зовсім іншої думки
er wusste sehr wohl, dass Schönheit ihre Schwestern übertraf
він добре знав, що краса перевершує її сестер
Sie übertraf sie sowohl charakterlich als auch geistig

вона перевершила їх як характером, так і розумом
er bewunderte ihre Bescheidenheit und ihre harte Arbeit
він захоплювався її скромністю та її працьовитістю
aber am meisten bewunderte er ihre Geduld
але найбільше він захоплювався її терпінням
Ihre Schwestern überließen ihr die ganze Arbeit
її сестри залишили їй всю роботу
und sie beleidigten sie ständig
і вони ображали її щохвилини
Die Familie hatte etwa ein Jahr lang so gelebt
Так родина прожила близько року
dann bekam der Kaufmann einen Brief von einem Buchhalter
потім купець отримав листа від бухгалтера
er hatte in ein Schiff investiert
він інвестував у корабель
und das Schiff war sicher angekommen
і корабель благополучно прибув
diese Nachricht ließ die beiden ältesten Töchter staunen
Його новина сколихнула голови двох старших дочок
Sie hatten sofort die Hoffnung, in die Stadt zurückzukehren
у них одразу з'явилася надія повернутися до міста
weil sie des Landlebens überdrüssig waren
тому що вони були досить втомлені від сільського життя
Sie gingen zu ihrem Vater, als er ging
вони пішли до батька, коли він йшов
Sie baten ihn, ihnen neue Kleider zu kaufen
вони благали його купити їм новий одяг
Kleider, Bänder und allerlei Kleinigkeiten
сукні, стрічки і всякі дрібнички
aber die Schönheit verlangte nichts
але краса нічого не просила
weil sie dachte, das Geld würde nicht reichen
тому що вона думала, що грошей буде недостатньо
es würde nicht reichen, um alles zu kaufen, was ihre Schwestern wollten

не вистачило б, щоб купити все, що хотіли її сестри
„Was möchtest du, Schönheit?", fragte ihr Vater
— Чого б ти хотіла, красуне? запитав її батько
"Danke, Vater, dass du so nett bist, an mich zu denken", sagte sie
«Дякую тобі, батьку, за те, що ти думаєш про мене», — сказала вона
„Vater, sei so freundlich und bring mir eine Rose mit"
"тату, будь ласкавий принести мені троянду"
„weil hier im Garten keine Rosen wachsen"
"тому що тут в саду не ростуть троянди"
„und Rosen sind eine Art Rarität"
"а троянди - це якась рідкість"
Schönheit mochte Rosen nicht wirklich
Красуня не дуже дбала про троянди
sie bat nur um etwas, um ihre Schwestern nicht zu verurteilen
вона лише про щось просила, щоб не засуджувати своїх сестер
aber ihre Schwestern dachten, sie hätte aus anderen Gründen nach Rosen gefragt
але її сестри думали, що вона просила троянди з інших причин
„Sie hat es nur getan, um besonders auszusehen"
"вона зробила це, щоб виглядати особливо"
Der freundliche Mann machte sich auf die Reise
Добрий чоловік вирушив у дорогу
aber als er ankam, stritten sie über die Ware
але коли він прибув, вони посперечалися про товар
und nach viel Ärger kam er genauso arm zurück wie zuvor
і після великої біди він повернувся таким же бідним, як і раніше
er war nur ein paar Stunden von seinem eigenen Haus entfernt
він був за пару годин від свого дому
und er stellte sich schon die Freude vor, seine Kinder zu

sehen
і він уже уявляв радість від побачення своїх дітей
aber als er durch den Wald ging, verirrte er sich
але коли йшов лісом заблукав
es hat furchtbar geregnet und geschneit
йшов страшенний дощ і сніг
der Wind war so stark, dass er ihn vom Pferd warf
вітер був такий сильний, що скинув його з коня
und die Nacht kam schnell
і швидко наступала ніч
er begann zu glauben, er müsse verhungern
він почав думати, що може померти з голоду
und er dachte, er könnte erfrieren
і він думав, що може замерзнути на смерть
und er dachte, Wölfe könnten ihn fressen
і він думав, що вовки можуть його з'їсти
die Wölfe, die er um sich herum heulen hörte
вовки, яких він чув, як виють навколо нього
aber plötzlich sah er ein Licht
але раптом він побачив світло
er sah das Licht in der Ferne durch die Bäume
він побачив світло здалеку крізь дерева
als er näher kam, sah er, dass das Licht ein Palast war
коли він підійшов ближче, то побачив, що світло було палацом
der Palast war von oben bis unten beleuchtet
палац був освітлений зверху вниз
Der Kaufmann dankte Gott für sein Glück
дякував купець Богові за удачу
und er eilte zum Palast
і він поспішив до палацу
aber er war überrascht, keine Leute im Palast zu sehen
але він був здивований, не побачивши людей у палаці
der Hof war völlig leer
двір був зовсім порожній
und nirgendwo ein Lebenszeichen

і ніде не було жодних ознак життя
sein Pferd folgte ihm in den Palast
його кінь пішов за ним у палац
und dann fand sein Pferd großen Stall
а потім його кінь знайшов велику стайню
das arme Tier war fast verhungert
бідна тварина майже зголодніла
also ging sein Pferd hinein, um Heu und Hafer zu finden
тож його кінь увійшов, щоб знайти сіно й овес
zum Glück fand er reichlich zu essen
на щастя, він знайшов багато їжі
und der Kaufmann band sein Pferd an die Krippe
і купець прив'язав коня до ясел
Als er zum Haus ging, sah er niemanden
Йдучи до будинку, він нікого не побачив
aber in einer großen Halle fand er ein gutes Feuer
але у великій залі він знайшов гарний вогонь
und er fand einen Tisch für eine Person gedeckt
і він знайшов стіл, накритий для одного
er war nass vom Regen und Schnee
він був мокрий від дощу та снігу
Also ging er zum Feuer, um sich abzutrocknen
тож він підійшов до вогню, щоб висохнути
„Ich hoffe, der Hausherr entschuldigt mich"
«Сподіваюся, господар будинку мене вибачить»
„Ich schätze, es wird nicht lange dauern, bis jemand auftaucht."
«Мені здається, що хтось з'явиться недовго»
Er wartete eine beträchtliche Zeit
Він чекав досить довго
er wartete, bis es elf schlug, und noch immer kam niemand
він чекав, доки пробило одинадцять, але ніхто не прийшов
Schließlich war er so hungrig, dass er nicht länger warten konnte
нарешті він був такий голодний, що не міг більше чекати
er nahm ein Hühnchen und aß es in zwei Bissen

він узяв трохи курки і з'їв її двома ковтками
er zitterte beim Essen
він тремтів, коли їв їжу
danach trank er ein paar Gläser Wein
після цього він випив кілька келихів вина
Er wurde mutiger und verließ den Saal
набравшись сміливості, він вийшов із залу
und er durchquerte mehrere große Hallen
і він пройшов через кілька великих залів
Er ging durch den Palast, bis er in eine Kammer kam
він пройшов через палац, поки не зайшов у кімнату
eine Kammer, in der sich ein überaus gutes Bett befand
кімната, в якій було надзвичайно добре ліжко
er war von der Tortur sehr erschöpft
він був дуже втомлений від своїх випробувань
und es war schon nach Mitternacht
а час був уже за північ
also beschloss er, dass es das Beste sei, die Tür zu schließen
тому він вирішив, що краще зачинити двері
und er beschloss, dass er zu Bett gehen sollte
і він вирішив, що йому слід лягти спати
Es war zehn Uhr morgens, als der Kaufmann aufwachte
Була десята ранку, коли купець прокинувся
gerade als er aufstehen wollte, sah er etwas
коли він збирався встати, він щось побачив
er war erstaunt, saubere Kleidung zu sehen
він був здивований, побачивши чистий комплект одягу
an der Stelle, wo er seine schmutzigen Kleider
zurückgelassen hatte
в тому місці, де він залишив свій брудний одяг
"Mit Sicherheit gehört dieser Palast einer netten Fee"
"Цей палац, звичайно, належить якійсь феї"
„eine Fee, die mich gesehen und bemitleidet hat"
" фея , яка побачила і пожаліла мене"
er sah durch ein Fenster
він дивився у вікно

aber statt Schnee sah er den herrlichsten Garten
але замість снігу він побачив найпрекрасніший сад
und im Garten waren die schönsten Rosen
а в саду були найгарніші троянди
dann kehrte er in die große Halle zurück
потім він повернувся до великої зали
der Saal, in dem er am Abend zuvor Suppe gegessen hatte
зал, де він їв суп напередодні ввечері
und er fand etwas Schokolade auf einem kleinen Tisch
і він знайшов трохи шоколаду на столику
„Danke, liebe Frau Fee", sagte er laut
— Дякую, добра пані Фея, — сказав він уголос
„Danke für Ihre Fürsorge"
"дякую за таку турботу"
„Ich bin Ihnen für all Ihre Gefälligkeiten äußerst dankbar"
«Я дуже вдячний вам за всі ваші послуги»
Der freundliche Mann trank seine Schokolade
добрий чоловік випив свій шоколад
und dann ging er sein Pferd suchen
а потім пішов шукати свого коня
aber im Garten erinnerte er sich an die Bitte der Schönheit
але в саду він згадав прохання красуні
und er schnitt einen Rosenzweig ab
і він зрізав гілку троянд
sofort hörte er ein lautes Geräusch
відразу почув він великий шум
und er sah ein furchtbar furchtbares Tier
і побачив він жахливого звіра
er war so erschrocken, dass er kurz davor war, ohnmächtig zu werden
він так злякався, що ладен був знепритомніти
„Du bist sehr undankbar", sagte das Tier zu ihm
— Ти дуже невдячний, — сказав йому звір
und das Tier sprach mit schrecklicher Stimme
і заговорив звір страшним голосом
„Ich habe dein Leben gerettet, indem ich dich in mein

Schloss gelassen habe"
«Я врятував тобі життя, дозволивши тобі у свій замок»
"und dafür stiehlst du mir im Gegenzug meine Rosen?"
"і за це ти крадеш мої троянди взамін?"
„Die Rosen sind für mich mehr wert als alles andere"
«Троянди, які я ціную понад усе»
„Aber du wirst für das, was du getan hast, sterben"
"але ти помреш за те, що ти зробив"
„Ich gebe Ihnen nur eine Viertelstunde, um sich vorzubereiten"
«Я даю тобі лише чверть години, щоб підготуватися»
„Bereiten Sie sich auf den Tod vor und sprechen Sie Ihre Gebete"
"готуйся до смерті і помолись"
der Kaufmann fiel auf die Knie
купець упав на коліна
und er hob beide Hände
і він підняв обидві руки
„Mein Herr, ich flehe Sie an, mir zu vergeben"
«Мій пане, я благаю вас пробачити мене»
„Ich hatte nicht die Absicht, Sie zu beleidigen"
«Я не мав наміру вас образити»
„Ich habe für eine meiner Töchter eine Rose gepflückt"
«Я зібрав троянду для однієї зі своїх дочок»
„Sie bat mich, ihr eine Rose mitzubringen"
"вона попросила мене принести їй троянду"
„Ich bin nicht euer Herr, sondern ein Tier", antwortete das Monster
«Я не твій володар, але я звір», — відповів чудовисько
„Ich mag keine Komplimente"
«Я не люблю компліментів»
„Ich mag Menschen, die so sprechen, wie sie denken"
«Мені подобаються люди, які говорять так, як думають»
„glauben Sie nicht, dass ich durch Schmeicheleien bewegt werden kann"
"не думай, що мене можуть зворушити лестощі"

„Aber Sie sagen, Sie haben Töchter"
«Але ви кажете, що у вас є дочки»
„Ich werde dir unter einer Bedingung vergeben"
«Я пробачу тебе за однієї умови»
„Eine deiner Töchter muss freiwillig in meinen Palast kommen"
«одна з ваших дочок має добровільно прийти до мого палацу»
"und sie muss für dich leiden"
"і вона повинна страждати за вас"
„Gib mir Dein Wort"
"Дайте мені слово"
„Und dann können Sie Ihren Geschäften nachgehen"
"а потім можете займатися своїми справами"
„Versprich mir das:"
«Пообіцяй мені це:»
„Wenn Ihre Tochter sich weigert, für Sie zu sterben, müssen Sie innerhalb von drei Monaten zurückkehren"
«Якщо ваша дочка відмовляється померти за вас, ви повинні повернутися протягом трьох місяців»
der Kaufmann hatte nicht die Absicht, seine Töchter zu opfern
купець не мав наміру приносити в жертву своїх дочок
aber da ihm Zeit gegeben wurde, wollte er seine Töchter noch einmal sehen
але, оскільки йому дали час, він хотів ще раз побачити своїх дочок
also versprach er, dass er zurückkehren würde
тому він пообіцяв, що повернеться
und das Tier sagte ihm, er könne aufbrechen, wann er wolle
і звір сказав йому, що він може вирушити, коли забажає
und das Tier erzählte ihm noch etwas
і звір сказав йому ще одну річ
„Du sollst nicht mit leeren Händen gehen"
"не підеш з порожніми руками"
„Geh zurück in das Zimmer, in dem du lagst"

"повертайся до кімнати, де ти лежав"
„Sie werden eine große leere Schatzkiste sehen"
"Ви побачите велику порожню скриню зі скарбами"
„Fülle die Schatzkiste mit allem, was Dir am besten gefällt"
"наповни скриню зі скарбами тим, що тобі найбільше подобається"
„und ich werde die Schatzkiste zu Dir nach Hause schicken"
"і я відправлю скриню зі скарбами до вас додому"
und gleichzeitig zog sich das Tier zurück
і в той же час звір відступив
„Nun", sagte sich der gute Mann
«Ну що ж, — сказав собі молодець
„Wenn ich sterben muss, werde ich meinen Kindern wenigstens etwas hinterlassen"
«Якщо мені доведеться померти, я принаймні щось залишу своїм дітям»
so kehrte er ins Schlafzimmer zurück
тому він повернувся до спальні
und er fand sehr viele Goldstücke
і він знайшов дуже багато шматків золота
er füllte die Schatzkiste, die das Tier erwähnt hatte
він наповнив скриню зі скарбами, про яку згадував звір
und er holte sein Pferd aus dem Stall
і він вивів свого коня зі стайні
die Freude, die er beim Betreten des Palastes empfand, war nun genauso groß wie die Trauer, die er beim Verlassen des Palastes empfand
радість, яку він відчував, увійшовши до палацу, тепер була рівна горю, яке він відчував, покидаючи його
Das Pferd nahm einen der Wege im Wald
кінь пішов однією з лісових доріг
und in wenigen Stunden war der gute Mann zu Hause
і за кілька годин молодець був удома
seine Kinder kamen zu ihm
до нього приходили його діти
aber anstatt ihre Umarmungen mit Freude

entgegenzunehmen, sah er sie an
але замість того, щоб із задоволенням прийняти їхні обійми, він дивився на них
er hielt den Ast hoch, den er in den Händen hielt
він підняв гілку, яку мав у руках
und dann brach er in Tränen aus
а потім розплакався
„Schönheit", sagte er, „nimm bitte diese Rosen"
«Красуня, — сказав він, — будь ласка, візьми ці троянди»
„Sie können nicht wissen, wie teuer diese Rosen waren"
"Ви не можете знати, як дорого коштували ці троянди"
„Diese Rosen haben deinen Vater das Leben gekostet"
"ці троянди коштували вашому батькові життя"
und dann erzählte er von seinem tödlichen Abenteuer
а потім розповів про свою фатальну пригоду
Sofort schrien die beiden ältesten Schwestern
одразу закричали дві старші сестри
und sie sagten viele gemeine Dinge zu ihrer schönen Schwester
і вони сказали багато поганих речей своїй прекрасній сестрі
aber die Schönheit weinte überhaupt nicht
але красуня зовсім не плакала
„Seht euch den Stolz dieses kleinen Schurken an", sagten sie
«Погляньте на гордість цього маленького негідника», — сказали вони
„Sie hat nicht nach schönen Kleidern gefragt"
"вона не просила гарний одяг"
„Sie hätte tun sollen, was wir getan haben"
"вона повинна була зробити те, що ми зробили"
„Sie wollte sich hervortun"
"вона хотіла виділитися"
„so wird sie nun den Tod unseres Vaters bedeuten"
"тож тепер вона буде смертю нашого батька"
„und doch vergießt sie keine Träne"

"а вона не ронить сльози"
"Warum sollte ich weinen?", antwortete die Schönheit
— Чого мені плакати? — відповіла красуня
„Weinen wäre völlig unnötig"
"плакати було б дуже марно"
„Mein Vater wird nicht für mich leiden"
"мій батько не буде страждати за мене"
„Das Monster wird eine seiner Töchter akzeptieren"
"монстр прийме одну зі своїх дочок"
„Ich werde mich seiner ganzen Wut aussetzen"
«Я запропоную себе всій його люті»
„Ich bin sehr glücklich, denn mein Tod wird das Leben meines Vaters retten"
«Я дуже щасливий, тому що моя смерть врятує життя моєму батькові»
„Mein Tod wird ein Beweis meiner Liebe sein"
"моя смерть буде доказом мого кохання"
„Nein, Schwester", sagten ihre drei Brüder
— Ні, сестро, — сказали троє її братів
„das darf nicht sein"
"цього не буде"
„Wir werden das Monster finden"
"ми підемо шукати монстра"
"und entweder wir werden ihn töten..."
«І або ми його вб'ємо...»
„... oder wir werden bei dem Versuch umkommen"
«...або ми загинемо при спробі»
„Stellt euch nichts dergleichen vor, meine Söhne", sagte der Kaufmann
«Не уявляйте собі нічого подібного, сини мої», — сказав купець
„Die Kraft des Biests ist so groß, dass ich keine Hoffnung habe, dass Ihr es besiegen könntet."
«Сила звіра настільки велика, що я не сподіваюся, що ти зможеш його подолати»
„Ich bin entzückt von dem freundlichen und großzügigen

Angebot der Schönheit"
«Я зачарований доброю та щедрою пропозицією красуні»
„aber ich kann ihre Großzügigkeit nicht annehmen"
"але я не можу прийняти її щедрість"
„Ich bin alt und habe nicht mehr lange zu leben"
«Я старий, і жити мені залишилося недовго»
„also kann ich nur ein paar Jahre verlieren"
"тому я можу втратити лише кілька років"
„Zeit, die ich für euch bereue, meine lieben Kinder"
«час, про який я шкодую для вас, мої любі діти»
„Aber Vater", sagte die Schönheit
«Але тато», — сказала красуня
„Du sollst nicht ohne mich in den Palast gehen"
«без мене ти не підеш до палацу»
„Du kannst mich nicht davon abhalten, dir zu folgen"
"ти не можеш заборонити мені стежити за тобою"
nichts könnte Schönheit vom Gegenteil überzeugen
ніщо не могло переконати красу в іншому
Sie bestand darauf, in den schönen Palast zu gehen
вона наполягала на тому, щоб піти до прекрасного палацу
und ihre Schwestern waren erfreut über ihre Beharrlichkeit
і її сестри були в захваті від її наполягань
Der Kaufmann war besorgt bei dem Gedanken, seine Tochter zu verlieren
Купець був стурбований думкою про втрату дочки
er war so besorgt, dass er die Truhe voller Gold vergessen hatte
він так хвилювався, що забув про скриню, повну золота
Abends begab er sich zur Ruhe und schloss die Tür seines Zimmers.
вночі він пішов відпочити і зачинив двері своєї кімнати
Dann fand er zu seinem großen Erstaunen den Schatz neben seinem Bett.
потім, на свій превеликий подив, він знайшов скарб біля свого ліжка
er war entschlossen, es seinen Kindern nicht zu erzählen

він вирішив не розповідати своїм дітям
Wenn sie es gewusst hätten, wären sie in die Stadt zurückgekehrt
якби вони знали, то хотіли б повернутися до міста
und er war entschlossen, das Land nicht zu verlassen
і він вирішив не покидати села
aber er vertraute der Schönheit das Geheimnis
але він довірив красі таємницю
Sie teilte ihm mit, dass zwei Herren gekommen seien
вона сповістила його, що прийшли двоє панів
und sie machten ihren Schwestern einen Heiratsantrag
і вони зробили пропозиції її сестрам
Sie bat ihren Vater, ihrer Heirat zuzustimmen
вона благала батька дати згоду на їхній шлюб
und sie bat ihn, ihnen etwas von seinem Vermögen zu geben
і вона попросила його віддати їм частину свого стану
sie hatte ihnen bereits vergeben
вона вже їх пробачила
Die bösen Kreaturen rieben ihre Augen mit Zwiebeln
нечисті створіння натирали очі цибулею
um beim Abschied von der Schwester ein paar Tränen zu vergießen
змусити сльози, коли розлучалися з сестрою
aber ihre Brüder waren wirklich besorgt
але її брати справді були стурбовані
Schönheit war die einzige, die keine Tränen vergoss
красуня єдина не пролила жодної сльози
sie wollte ihr Unbehagen nicht vergrößern
вона не хотіла посилювати їхній неспокій
Das Pferd nahm den direkten Weg zum Palast
кінь пішов прямою дорогою до палацу
und gegen Abend sahen sie den erleuchteten Palast
а ближче до вечора вони побачили освітлений палац
das Pferd begab sich wieder in den Stall
кінь знову забрався в стайню

und der gute Mann und seine Tochter gingen in die große Halle
і добрий чоловік з дочкою пішли до великої зали
hier fanden sie einen herrlich gedeckten Tisch
тут вони знайшли чудово сервірований стіл
der Kaufmann hatte keinen Appetit zu essen
у купця не було апетиту їсти
aber die Schönheit bemühte sich, fröhlich zu erscheinen
але красуня намагалася виглядати веселою
sie setzte sich an den Tisch und half ihrem Vater
вона сіла за стіл і допомогла батькові
aber sie dachte auch bei sich:
але вона також думала про себе:
„Das Biest will mich sicher mästen, bevor es mich frisst"
"звір напевно хоче мене відгодувати, перш ніж з'їсти"
„deshalb sorgt er für so viel Unterhaltung"
"саме тому він надає такі рясні розваги"
Nachdem sie gegessen hatten, hörten sie ein großes Geräusch
після того як вони поїли, вони почули великий шум
und der Kaufmann verabschiedete sich mit Tränen in den Augen von seinem unglücklichen Kind
і купець зі сльозами на очах прощався зі своєю нещасною дитиною
weil er wusste, dass das Biest kommen würde
бо він знав, що звір іде
Die Schönheit war entsetzt über seine schreckliche Gestalt
Красуня жахнулася його жахливої форми
aber sie nahm ihren Mut zusammen, so gut sie konnte
але вона набралася мужності, як могла
und das Monster fragte sie, ob sie freiwillig mitkäme
і чудовисько запитало її, чи охоче вона прийшла
"ja, ich bin freiwillig gekommen", sagte sie zitternd
«Так, я прийшла охоче», — тремтячи, сказала вона
Das Tier antwortete: „Du bist sehr gut"
звір відповів: "Ти дуже хороший"

„und ich bin Ihnen zu großem Dank verpflichtet, ehrlicher Mann"
"і я вам дуже вдячний; чесна людина"
„Geht morgen früh eure Wege"
"йди своїм шляхом завтра вранці"
„aber denk nie daran, wieder hierher zu kommen"
"але ніколи не думай приходити сюди знову"
„Lebe wohl, Schönheit, lebe wohl, Biest", antwortete er
«Прощай красуне, прощай звір», — відповів він
und sofort zog sich das Monster zurück
і відразу чудовисько пішло
"Oh, Tochter", sagte der Kaufmann
— Ой, дочко, — сказав купець
und er umarmte seine Tochter noch einmal
і він ще раз обійняв дочку
„Ich habe fast Todesangst"
«Я майже до смерті наляканий»
„glauben Sie mir, Sie sollten lieber zurückgehen"
"повір мені, тобі краще повернутися"
„Lass mich hier bleiben, statt dir"
"дай мені залишитися тут замість тебе"
„Nein, Vater", sagte die Schönheit entschlossen
— Ні, батьку, — рішуче сказала красуня
„Du sollst morgen früh aufbrechen"
"ти вирушиш завтра вранці"
„überlasse mich der Obhut und dem Schutz der Vorsehung"
«залиш мене на піклування та захист провидіння»
trotzdem gingen sie zu Bett
тим не менше вони пішли спати
Sie dachten, sie würden die ganze Nacht kein Auge zutun
думали цілу ніч ока не зімкнути
aber als sie sich hinlegten, schliefen sie ein
але як лягли, так і заснули
Die Schönheit träumte, eine schöne Dame kam und sagte zu ihr:
красуні приснилося, що прийшла прекрасна жінка і

сказала їй:
„Ich bin zufrieden, Schönheit, mit deinem guten Willen"
«Я задоволений, красуне, твоєю доброю волею»
„Diese gute Tat von Ihnen wird nicht unbelohnt bleiben"
"цей твій добрий вчинок не залишиться без винагороди"
Die Schöne erwachte und erzählte ihrem Vater ihren Traum
Прокинулася красуня і розповіла батькові свій сон
der Traum tröstete ihn ein wenig
сон допоміг йому трохи втішитися
aber er konnte nicht anders, als bitterlich zu weinen, als er ging
але він не міг стримати гіркого плачу, коли йшов
Sobald er weg war, setzte sich Schönheit in die große Halle und weinte ebenfalls
як тільки він пішов, красуня сіла у великій залі й теж заплакала
aber sie beschloss, sich keine Sorgen zu machen
але вона вирішила не хвилюватися
Sie beschloss, in der kurzen Zeit, die ihr noch zu leben blieb, stark zu sein
вона вирішила бути сильною за той небагато часу, що їй залишилося жити
weil sie fest davon überzeugt war, dass das Biest sie fressen würde
тому що вона твердо вірила, що звір її з'їсть
Sie dachte jedoch, sie könnte genauso gut den Palast erkunden
однак вона подумала, що з таким же успіхом може дослідити палац
und sie wollte das schöne Schloss besichtigen
і вона хотіла оглянути прекрасний замок
ein Schloss, das sie bewundern musste
замок, яким вона не могла не милуватися
Es war ein wunderbar angenehmer Palast
це був чудово приємний палац
und sie war äußerst überrascht, als sie eine Tür sah

і вона була надзвичайно здивована, побачивши двері
und über der Tür stand, dass es ihr Zimmer sei
а над дверима було написано, що це її кімната
sie öffnete hastig die Tür
вона поспішно відчинила двері
und sie war ganz geblendet von der Pracht des Raumes
і вона була дуже вражена пишністю кімнати
was ihre Aufmerksamkeit vor allem auf sich zog, war eine große Bibliothek
головним чином її увагу привернула велика бібліотека
ein Cembalo und mehrere Notenbücher
клавесин і кілька нотних книжок
„Nun", sagte sie zu sich selbst
«Ну що ж, — сказала вона сама собі
„Ich sehe, das Biest wird meine Zeit nicht verstreichen lassen"
"Я бачу, що звір не дасть моєму часу зависнути"
dann dachte sie über ihre Situation nach
потім вона розмірковувала про свою ситуацію
„Wenn ich einen Tag bleiben sollte, wäre das alles nicht hier"
«Якби мені судилося залишитися на день, усього цього тут не було б»
diese Überlegung gab ihr neuen Mut
це міркування надихнуло її новою мужністю
und sie nahm ein Buch aus ihrer neuen Bibliothek
і вона взяла книгу зі своєї нової бібліотеки
und sie las diese Worte in goldenen Buchstaben:
і вона прочитала ці слова золотими літерами:
„Begrüße Schönheit, vertreibe die Angst"
«Ласкаво просимо красуне, вижени страх»
„Du bist hier Königin und Herrin"
«Ти тут королева і володарка»
„Sprich deine Wünsche aus, sprich deinen Willen aus"
«Говори свої бажання, говори свою волю»
„Schneller Gehorsam begegnet hier Ihren Wünschen"

"Швидка слухняність тут відповідає вашим бажанням"
"Ach", sagte sie mit einem Seufzer
— На жаль, — сказала вона, зітхнувши
„Am meisten wünsche ich mir, meinen armen Vater zu sehen"
«Найбільше я хочу побачити мого бідного батька»
„und ich würde gerne wissen, was er tut"
"і я хотів би знати, що він робить"
Kaum hatte sie das gesagt, bemerkte sie den Spiegel
Сказавши це, вона помітила дзеркало
zu ihrem großen Erstaunen sah sie ihr eigenes Zuhause im Spiegel
на свій превеликий подив вона побачила в дзеркалі свій власний дім
Ihr Vater kam emotional erschöpft an
її батько прийшов емоційно виснажений
Ihre Schwestern gingen ihm entgegen
її сестри пішли йому назустріч
trotz ihrer Versuche, traurig zu wirken, war ihre Freude sichtbar
незважаючи на їхні спроби здаватися сумними, їхня радість була помітна
einen Moment später war alles verschwunden
через мить усе зникло
und auch die Befürchtungen der Schönheit verschwanden
і побоювання красуні теж зникли
denn sie wusste, dass sie dem Tier vertrauen konnte
бо вона знала, що може довіряти звірові
Mittags fand sie das Abendessen fertig
Опівдні вона знайшла вечерю готовою
sie setzte sich an den Tisch
вона сама сіла за стіл
und sie wurde mit einem Musikkonzert unterhalten
і її розважали музичним концертом
obwohl sie niemanden sehen konnte
хоча вона нікого не бачила

abends setzte sie sich wieder zum Abendessen
вночі знову сіла вечеряти
diesmal hörte sie das Geräusch, das das Tier machte
цього разу вона почула шум, який видав звір
und sie konnte nicht anders, als Angst zu haben
і вона не могла не налякатися
"Schönheit", sagte das Monster
«Красуня», - сказав монстр
"erlaubst du mir, mit dir zu essen?"
"Ви дозволяєте мені поїсти з вами?"
"Mach, was du willst", antwortete die Schönheit zitternd
— Роби, як хочеш, — тремтячи, відповіла красуня
„Nein", antwortete das Tier
— Ні, — відповів звір
„Du allein bist hier die Herrin"
"Ти одна господиня тут"
„Sie können mich wegschicken, wenn ich Ärger mache"
"Ви можете відіслати мене, якщо я буду неприємний"
„schick mich fort, und ich werde mich sofort zurückziehen"
"відпусти мене, і я негайно відійду"
„Aber sagen Sie mir: Finden Sie mich nicht sehr hässlich?"
«Але скажи мені, ти не вважаєш мене дуже потворним?»
„Das stimmt", sagte die Schönheit
— Це правда, — сказала красуня
„Ich kann nicht lügen"
«Я не можу говорити неправду»
„aber ich glaube, Sie sind sehr gutmütig"
"але я вірю, що ти дуже добродушний"
„Das bin ich tatsächlich", sagte das Monster
— Справді, — сказав чудовисько
„Aber abgesehen von meiner Hässlichkeit habe ich auch keinen Verstand"
«Але, окрім моєї потворності, я також не маю розуму»
„Ich weiß sehr wohl, dass ich ein dummes Wesen bin"
«Я добре знаю, що я дурна істота»
„Es ist kein Zeichen von Torheit, so zu denken", antwortete

die Schönheit
«Це не є ознакою дурості так думати», — відповіла красуня
„Dann iss, Schönheit", sagte das Monster
— Тоді їж, красуне, — сказала потвора
„Versuchen Sie, sich in Ihrem Palast zu amüsieren"
"спробуйте розважитися у своєму палаці"
"alles hier gehört dir"
"все тут твоє"
„Und ich wäre sehr unruhig, wenn Sie nicht glücklich wären"
"і мені було б дуже незручно, якби ти не був щасливий"
„Sie sind sehr zuvorkommend", antwortete die Schönheit
«Ви дуже люб'язні», - відповіла красуня
„Ich gebe zu, ich freue mich über Ihre Freundlichkeit"
«Зізнаюся, я задоволений вашою добротою»
„Und wenn ich über deine Freundlichkeit nachdenke, fallen mir deine Missbildungen kaum auf"
«і коли я розглядаю вашу доброту, я майже не помічаю ваших пороків»
„Ja, ja", sagte das Tier, „mein Herz ist gut
«Так, так, — сказав звір, — моє серце добре
„Aber obwohl ich gut bin, bin ich immer noch ein Monster"
"але хоча я хороший, я все одно чудовисько"
„Es gibt viele Männer, die diesen Namen mehr verdienen als Sie."
"Є багато чоловіків, які заслуговують на це ім'я більше, ніж ти"
„und ich bevorzuge dich, so wie du bist"
"і я віддаю перевагу тобі таким, який ти є"
„und ich ziehe dich denen vor, die ein undankbares Herz verbergen"
"і я віддаю перевагу тобі більше, ніж тим, хто приховує невдячне серце"
"Wenn ich nur etwas Verstand hätte", antwortete das Biest
«Якби я мав трохи розуму», — відповів звір
„Wenn ich vernünftig wäre, würde ich Ihnen als Dank ein

schönes Kompliment machen"
«Якби я був розумним, то зробив би гарний комплімент на подяку»
"aber ich bin so langweilig"
"але я такий нудний"
„Ich kann nur sagen, dass ich Ihnen zu großem Dank verpflichtet bin"
«Можу тільки сказати, що я вам дуже вдячний»
Schönheit aß ein herzhaftes Abendessen
красуня ситно повечеряла
und sie hatte ihre Angst vor dem Monster fast überwunden
і вона майже подолала свій страх перед монстром
aber sie wollte ohnmächtig werden, als das Biest ihr die nächste Frage stellte
але вона хотіла знепритомніти, коли звір поставив їй наступне запитання
"Schönheit, willst du meine Frau werden?"
"Красуня, ти станеш моєю дружиною?"
es dauerte eine Weile, bis sie antworten konnte
їй знадобився деякий час, перш ніж вона змогла відповісти
weil sie Angst hatte, ihn wütend zu machen
бо боялася його розлютити
Schließlich sagte sie jedoch "nein, Biest"
нарешті, однак, вона сказала "ні, звір"
sofort zischte das arme Monster ganz fürchterlich
одразу жахливо зашипіла бідна потвора
und der ganze Palast hallte
і весь палац перегукувався
aber die Schönheit erholte sich bald von ihrem Schrecken
але красуня скоро оговталася від переляку
denn das Tier sprach wieder mit trauriger Stimme
бо звір знову заговорив жалібним голосом
„Dann leb wohl, Schönheit"
"тоді прощай, красуне"
und er drehte sich nur ab und zu um
і він тільки час від часу повертався назад

um sie anzusehen, als er hinausging
дивитися на неї, коли він виходить
jetzt war die Schönheit wieder allein
тепер красуня знову залишилася одна
Sie empfand großes Mitgefühl
вона відчула велике співчуття
„Ach, es ist tausendmal schade"
«На жаль, це тисяча жаль»
„Etwas, das so gutmütig ist, sollte nicht so hässlich sein"
"все, що має такий добрий характер, не повинно бути таким потворним"
Schönheit verbrachte drei Monate sehr zufrieden im Palast
Три місяці красуня дуже задоволена провела в палаці
jeden Abend stattete ihr das Biest einen Besuch ab
щовечора звір відвідував її
und sie redeten beim Abendessen
і вони розмовляли під час вечері
Sie sprachen mit gesundem Menschenverstand
вони говорили зі здоровим глуздом
aber sie sprachen nicht mit dem, was man als geistreich bezeichnet
але вони не говорили з тим, що люди називають дотепністю
Schönheit entdeckte immer einen wertvollen Charakter im Biest
Краса завжди відкривала в звірі якийсь цінний характер
und sie hatte sich an seine Missbildung gewöhnt
і вона звикла до його деформації
sie fürchtete sich nicht mehr vor seinem Besuch
вона більше не боялася часу його візиту
jetzt schaute sie oft auf die Uhr
тепер вона часто дивилася на годинник
und sie konnte es kaum erwarten, bis es neun Uhr war
і вона не могла дочекатися, коли буде дев'ята година
denn das Tier kam immer zu dieser Stunde
тому що звір ніколи не пропускав прийти в ту годину

Es gab nur eine Sache, die Schönheit betraf
було лише одне, що стосувалося краси
jeden Abend, bevor sie ins Bett ging, stellte ihr das Biest die gleiche Frage
кожного вечора перед тим, як вона лягла спати, звір ставив їй те саме запитання
Das Monster fragte sie, ob sie seine Frau werden wolle
монстр запитав її, чи стане вона його дружиною
Eines Tages sagte sie zu ihm: „Biest, du machst mir große Sorgen."
одного разу вона сказала йому: "Звірюко, ти мене дуже тривожиш"
„Ich wünschte, ich könnte einwilligen, dich zu heiraten"
«Я б хотів дати згоду вийти за тебе заміж»
„Aber ich bin zu aufrichtig, um dir zu glauben zu machen, dass ich dich heiraten würde"
"але я надто щирий, щоб змусити тебе повірити, що я б одружився з тобою"
„Unsere Ehe wird nie stattfinden"
"наш шлюб ніколи не відбудеться"
„Ich werde dich immer als Freund sehen"
«Я завжди буду бачити тебе другом»
„Bitte versuchen Sie, damit zufrieden zu sein"
"будь ласка, спробуй бути задоволеним цим"
„Damit muss ich zufrieden sein", sagte das Tier
«Я повинен бути задоволений цим», - сказав звір
„Ich kenne mein eigenes Unglück"
«Я знаю свою біду»
„aber ich liebe dich mit der zärtlichsten Zuneigung"
"але я люблю тебе найніжнішою любов'ю "
„Ich sollte mich jedoch als glücklich betrachten"
«Однак я повинен вважати себе щасливим»
"und ich würde mich freuen, wenn du hier bleibst"
"і я повинен бути щасливий, що ти залишишся тут"
„versprich mir, mich nie zu verlassen"
"пообіцяй мені ніколи не залишати мене"

Schönheit errötete bei diesen Worten
красуня почервоніла від цих слів
Eines Tages schaute die Schönheit in ihren Spiegel
Одного разу красуня дивилась у своє дзеркало
ihr Vater hatte sich schreckliche Sorgen um sie gemacht
її батько дуже переживав за неї
sie sehnte sich mehr denn je danach, ihn wiederzusehen
вона прагнула побачити його знову як ніколи
„Ich könnte versprechen, dich nie ganz zu verlassen"
«Я міг би пообіцяти, що ніколи не покидаю тебе повністю»
„aber ich habe so ein großes Verlangen, meinen Vater zu sehen"
"але я дуже хочу побачити свого батька"
„Ich wäre unendlich verärgert, wenn Sie nein sagen würden"
«Я буду неймовірно засмучений, якщо ти скажеш «ні»
"Ich würde lieber selbst sterben", sagte das Monster
— Краще б я сам помер, — сказав чудовисько
„Ich würde lieber sterben, als dir Unbehagen zu bereiten"
«Я краще помру, ніж змушу тебе почуватися неспокійно»
„Ich werde dich zu deinem Vater schicken"
«Я відішлю тебе до твого батька»
„Du sollst bei ihm bleiben"
"ти залишишся з ним"
"und dieses unglückliche Tier wird stattdessen vor Kummer sterben"
"а цей нещасний звір замість цього помре з горя"
"Nein", sagte die Schönheit weinend
— Ні, — сказала красуня, плачучи
„Ich liebe dich zu sehr, um die Ursache deines Todes zu sein"
«Я люблю тебе занадто сильно, щоб стати причиною твоєї смерті»
„Ich verspreche Ihnen, in einer Woche wiederzukommen"
«Я обіцяю тобі повернутися через тиждень»

„Du hast mir gezeigt, dass meine Schwestern verheiratet sind"
«Ви показали мені, що мої сестри вийшли заміж»
„und meine Brüder sind zur Armee gegangen"
"а мої брати пішли в армію"
"Lass mich eine Woche bei meinem Vater bleiben, da er allein ist"
«дай мені тиждень побути з батьком, бо він один»
"Morgen früh wirst du dort sein", sagte das Tier
— Ти будеш там завтра вранці, — сказав звір
„Aber denk an dein Versprechen"
"але пам'ятай свою обіцянку"
„Sie brauchen Ihren Ring nur auf den Tisch zu legen, bevor Sie zu Bett gehen."
«Вам потрібно лише покласти каблучку на стіл перед тим, як лягти спати»
"Und dann werdet ihr vor dem Morgen zurückgebracht"
"і тоді вас повернуть до ранку"
„Lebe wohl, liebe Schönheit", seufzte das Tier
— Прощавай, люба красуне, — зітхнув звір
Die Schönheit ging an diesem Abend sehr traurig ins Bett
Того вечора красуня дуже засмучена лягла спати
weil sie das Tier nicht so besorgt sehen wollte
тому що вона не хотіла бачити звіра таким стурбованим
am nächsten Morgen fand sie sich im Haus ihres Vaters wieder
наступного ранку вона опинилася вдома в батька
sie läutete eine kleine Glocke neben ihrem Bett
вона подзвонила в дзвіночок біля свого ліжка
und das Dienstmädchen stieß einen lauten Schrei aus
і служниця голосно скрикнула
und ihr Vater rannte nach oben
і її батько побіг нагору
er dachte, er würde vor Freude sterben
він думав, що помре від радості
er hielt sie eine Viertelstunde lang in seinen Armen

він тримав її на руках чверть години
irgendwann waren die ersten Grüße vorbei
нарешті перші привітання закінчилися
Schönheit begann daran zu denken, aus dem Bett zu steigen
красуня почала думати встати з ліжка
aber sie merkte, dass sie keine Kleidung mitgebracht hatte
але вона зрозуміла, що не принесла одягу
aber das Dienstmädchen sagte ihr, sie habe eine Kiste gefunden
але покоївка сказала їй, що знайшла коробку
der große Koffer war voller Kleider und Kleider
велика скриня була повна халатів і суконь
jedes Kleid war mit Gold und Diamanten bedeckt
кожна сукня була вкрита золотом і діамантами
Schönheit dankte dem Tier für seine freundliche Pflege
Красуня подякувала звіра за його добру турботу
und sie nahm eines der schlichtesten Kleider
і вона взяла одну з найпростіших суконь
Die anderen Kleider wollte sie ihren Schwestern schenken
інші сукні вона мала намір віддати своїм сестрам
aber bei diesem Gedanken verschwand die Kleidertruhe
але при цій думці скриня з одягом зникла
Das Biest hatte darauf bestanden, dass die Kleidung nur für sie sei
звір наполягав, що одяг призначений лише для неї
ihr Vater sagte ihr, dass dies der Fall sei
її батько сказав їй, що це так
und sofort kam die Kleidertruhe wieder zurück
і негайно скриня з одягом повернулася назад
Schönheit kleidete sich mit ihren neuen Kleidern
красуня одяглася в новий одяг
und in der Zwischenzeit gingen die Mägde los, um ihre Schwestern zu finden
а тим часом служниці пішли шукати її сестер
Ihre beiden Schwestern waren mit ihren Ehemännern
обидві її сестри були зі своїми чоловіками

aber ihre beiden Schwestern waren sehr unglücklich
але обидві її сестри були дуже нещасні
Ihre älteste Schwester hatte einen sehr gutaussehenden Herrn geheiratet
її старша сестра вийшла заміж за дуже гарного джентльмена
aber er war so selbstgefällig, dass er seine Frau vernachlässigte
але він так любив себе, що знехтував своєю дружиною
Ihre zweite Schwester hatte einen geistreichen Mann geheiratet
її друга сестра вийшла заміж за дотепного чоловіка
aber er nutzte seinen Witz, um die Leute zu quälen
але він використовував свою дотепність, щоб мучити людей
und am meisten quälte er seine Frau
а найбільше він мучив свою дружину
Die Schwestern der Schönheit sahen sie wie eine Prinzessin gekleidet
сестри красуні бачили її одягненою, як принцеса
und sie waren krank vor Neid
і вони були хворі на заздрість
jetzt war sie schöner als je zuvor
тепер вона була прекрасніша, ніж будь-коли
ihr liebevolles Verhalten konnte ihre Eifersucht nicht unterdrücken
її ніжна поведінка не могла придушити їхні ревнощі
Sie erzählte ihnen, wie glücklich sie mit dem Tier war
вона розповіла їм, як вона щаслива зі звіром
und ihre Eifersucht war kurz vor dem Platzen
і їхні ревнощі були готові вибухнути
Sie gingen in den Garten, um über ihr Unglück zu weinen
Спустилися вони в сад плакати про свою біду
„Inwiefern ist dieses kleine Geschöpf besser als wir?"
«Чим ця маленька істота краща за нас?»
„Warum sollte sie so viel glücklicher sein?"

«Чому вона має бути такою щасливішою?»
„Schwester", sagte die ältere Schwester
— Сестро, — сказала старша сестра
„Mir ist gerade ein Gedanke gekommen"
"мені в голову спала одна думка"
„Versuchen wir, sie länger als eine Woche hier zu behalten"
"давайте спробуємо протримати її тут більше тижня"
„Vielleicht macht das das dumme Monster wütend"
"можливо, це розлютить дурного монстра"
„weil sie ihr Wort gebrochen hätte"
"тому що вона порушила б своє слово"
"und dann könnte er sie verschlingen"
"і тоді він може зжерти її"
"Das ist eine tolle Idee", antwortete die andere Schwester
«Це чудова ідея», — відповіла інша сестра
„Wir müssen ihr so viel Freundlichkeit wie möglich entgegenbringen"
"ми повинні проявити до неї якомога більше доброти"
Die Schwestern fassten den Entschluss
сестри прийняли це рішення
und sie verhielten sich sehr liebevoll gegenüber ihrer Schwester
і вони дуже ніжно ставилися до своєї сестри
Die arme Schönheit weinte vor Freude über all ihre Freundlichkeit
бідна красуня плакала від радості від усієї їхньої доброти
Als die Woche um war, weinten sie und rauften sich die Haare
коли тиждень минув, вони плакали і рвали на собі волосся
es schien ihnen so leid zu tun, sich von ihr zu trennen
їм, здавалося, було так шкода розлучатися з нею
und die Schönheit versprach, noch eine Woche länger zu bleiben
і красуня пообіцяла залишитися ще на тиждень
In der Zwischenzeit konnte die Schönheit nicht umhin, über sich selbst nachzudenken

А поки красуня не могла не задуматися про себе
sie machte sich Sorgen darüber, was sie dem armen Tier antat
вона хвилювалася, що робила з бідним звіром
Sie wusste, dass sie ihn aufrichtig liebte
вона знає, що щиро кохала його
und sie sehnte sich wirklich danach, ihn wiederzusehen
і їй дуже хотілося побачити його знову
Auch die zehnte Nacht verbrachte sie bei ihrem Vater
десяту ніч вона теж провела в батька
sie träumte, sie sei im Schlossgarten
їй наснилося, що вона була в саду палацу
und sie träumte, sie sähe das Tier ausgestreckt im Gras liegen
і їй приснилося, що вона побачила звіра, що розтягнувся на траві
er schien ihr mit sterbender Stimme Vorwürfe zu machen
— ніби передсмертним голосом дорікав їй
und er warf ihr Undankbarkeit vor
і він звинуватив її в невдячності
Schönheit erwachte aus ihrem Schlaf
красуня прокинулася зі сну
und sie brach in Tränen aus
і вона розплакалася
„Bin ich nicht sehr böse?"
— Хіба я не дуже зла?
„War es nicht grausam von mir, so unfreundlich gegenüber dem Tier zu sein?"
— Хіба не жорстоко з мого боку поводитися так недоброзичливо зі звіром?
„Das Biest hat alles getan, um mir zu gefallen"
"звір робив усе, щоб догодити мені"
"Ist es seine Schuld, dass er so hässlich ist?"
— Це він винен, що такий потворний?
„Ist es seine Schuld, dass er so wenig Verstand hat?"
— Це він винен, що в нього так мало розуму?

„Er ist freundlich und gut, und das genügt"
«Він добрий і добрий, і цього достатньо»
„Warum habe ich mich geweigert, ihn zu heiraten?"
— Чому я відмовилася вийти за нього заміж?
„Ich sollte mit dem Monster glücklich sein"
"Я повинен бути щасливий з монстром"
„Schau dir die Männer meiner Schwestern an"
"Подивіться на чоловіків моїх сестер"
„Weder Witz noch Schönheit machen sie gut"
"ні дотепність, ні краса не роблять їх хорошими"
„Keiner ihrer Ehemänner macht sie glücklich"
"жоден з їхніх чоловіків не робить їх щасливими"
„sondern Tugend, Sanftmut und Geduld"
«але чеснота, лагідність і терпеливість»
„Diese Dinge machen eine Frau glücklich"
"ці речі роблять жінку щасливою"
„und das Tier hat all diese wertvollen Eigenschaften"
"і звір має всі ці цінні якості"
„es ist wahr, ich empfinde keine Zärtlichkeit und Zuneigung für ihn"
«Це правда; я не відчуваю ніжності прихильності до нього»
„aber ich empfinde für ihn die allergrößte Dankbarkeit"
"але я вважаю, що маю йому найбільшу вдячність"
„und ich habe die höchste Wertschätzung für ihn"
"і я дуже його поважаю"
"und er ist mein bester Freund"
"і він мій найкращий друг"
„Ich werde ihn nicht unglücklich machen"
«Я не зроблю його нещасним»
„Wenn ich so undankbar wäre, würde ich mir das nie verzeihen"
«Якби я був таким невдячним, я б ніколи собі не пробачив»
Schönheit legte ihren Ring auf den Tisch
красуня поклала перстень на стіл
und sie ging wieder zu Bett

і вона знову лягла спати
kaum war sie im Bett, da schlief sie ein
Ледве вона була в ліжку, перш ніж заснула
Sie wachte am nächsten Morgen wieder auf
наступного ранку вона знову прокинулася
und sie war überglücklich, sich im Palast des Tieres wiederzufinden
і вона дуже зраділа, опинившись у палаці звіра
Sie zog eines ihrer schönsten Kleider an, um ihm zu gefallen
вона одягла одну зі своїх найкращих суконь, щоб догодити йому
und sie wartete geduldig auf den Abend
і вона терпляче чекала вечора
kam die ersehnte Stunde
настала бажана година
die Uhr schlug neun, doch kein Tier erschien
годинник пробив дев'яту, але звір не з'явився
Schönheit befürchtete dann, sie sei die Ursache seines Todes gewesen
Тоді красуня боялася, що вона стала причиною його смерті
Sie rannte weinend durch den ganzen Palast
вона бігала з плачем по всьому палацу
nachdem sie ihn überall gesucht hatte, erinnerte sie sich an ihren Traum
після того, як шукала його всюди, вона згадала свій сон
und sie rannte zum Kanal im Garten
і вона побігла до каналу в саду
Dort fand sie das arme Tier ausgestreckt
там вона знайшла бідолаху розтягнутою
und sie war sicher, dass sie ihn getötet hatte
і вона була впевнена, що вбила його
sie warf sich ohne Furcht auf ihn
вона без жодного страху кинулася на нього
sein Herz schlug noch
його серце все ще билося

sie holte etwas Wasser aus dem Kanal
вона набрала води з каналу
und sie goss das Wasser über seinen Kopf
і вона вилила йому воду на голову
Das Tier öffnete seine Augen und sprach mit der Schönheit
звір відкрив очі і промовив до красуні
„Du hast dein Versprechen vergessen"
«Ти забув свою обіцянку»
„Es hat mir das Herz gebrochen, dich verloren zu haben"
«Я був так розбитий серцем, що втратив тебе»
„Ich beschloss, zu hungern"
«Я вирішив померти себе голодом»
„aber ich habe das Glück, Sie wiederzusehen"
"але я маю щастя бачити вас ще раз"
„so habe ich das Vergnügen, zufrieden zu sterben"
"тому я маю задоволення померти задоволеним"
„Nein, liebes Tier", sagte die Schönheit, „du darfst nicht sterben"
«Ні, звірюко, — сказала красуня, — ти не повинен померти».
„Lebe, um mein Ehemann zu sein"
«Живи, щоб бути моїм чоловіком»
„Von diesem Augenblick an reiche ich dir meine Hand"
"з цього моменту я подаю тобі руку"
„und ich schwöre, niemand anderes als Dein zu sein"
"і я клянусь бути тільки твоїм"
„Ach! Ich dachte, ich hätte nur Freundschaft für dich."
«На жаль! Я думав, що маю для тебе тільки дружбу»
"aber der Kummer, den ich jetzt fühle, überzeugt mich;"
«але горе, яке я зараз відчуваю, переконує мене»;
„Ich kann nicht ohne dich leben"
«Я не можу жити без тебе»
Schönheit hatte diese Worte kaum gesagt, als sie ein Licht sah
ледь красуня сказала ці слова, коли побачила світло
der Palast funkelte im Licht

палац виблискував світлом
Feuerwerk erleuchtete den Himmel
небо осяяв феєрверк
und die Luft erfüllt mit Musik
і повітря наповнене музикою
alles kündigte ein großes Ereignis an
все сповіщало про якусь велику подію
aber nichts konnte ihre Aufmerksamkeit fesseln
але ніщо не могло привернути її увагу
sie wandte sich ihrem lieben Tier zu
— звернулася вона до свого милого звіра
das Tier, vor dem sie vor Angst zitterte
звір , за якого вона тремтіла від страху
aber ihre Überraschung über das, was sie sah, war groß!
але її здивування було великим!
das Tier war verschwunden
звір зник
stattdessen sah sie den schönsten Prinzen
натомість вона побачила найпрекраснішого принца
sie hatte den Zauber beendet
вона поклала край чарам
ein Zauber, unter dem er einem Tier ähnelte
чари, під якими він нагадував звіра
dieser Prinz war all ihre Aufmerksamkeit wert
цей принц був вартий усієї її уваги
aber sie konnte nicht anders und musste fragen, wo das Biest war
але вона не могла не запитати, де звір
„Du siehst ihn zu deinen Füßen", sagte der Prinz
— Бачиш його біля своїх ніг, — сказав князь
„Eine böse Fee hatte mich verdammt"
«Зла фея засудила мене»
„Ich sollte diese Gestalt behalten, bis eine wunderschöne Prinzessin einwilligte, mich zu heiraten."
«Я мав залишатися в такому стані, доки прекрасна принцеса не погодиться вийти за мене заміж»

„Die Fee hat mein Verständnis verborgen"
"фея приховала моє розуміння"
„Du warst der Einzige, der großzügig genug war, um von meiner guten Laune bezaubert zu sein."
"Ти був єдиним достатньо щедрим, щоб бути зачарованим добротою моєї вдачі"
Schönheit war angenehm überrascht
— радісно здивувалася красуня
und sie gab dem bezaubernden Prinzen ihre Hand
і подала чарівному принцу руку
Sie gingen zusammen ins Schloss
вони разом пішли в замок
und die Schöne war überglücklich, ihren Vater im Schloss zu finden
і красуня дуже зраділа, знайшовши свого батька в замку
und ihre ganze Familie war auch da
і вся її родина також була там
sogar die schöne Dame, die in ihrem Traum erschienen war, war da
навіть прекрасна жінка, яка з'явилася в її сні, була там
"Schönheit", sagte die Dame aus dem Traum
«Красуня», - сказала жінка зі сну
„Komm und empfange deine Belohnung"
"приходь і отримай свою винагороду"
„Sie haben die Tugend dem Witz oder dem Aussehen vorgezogen"
"ви віддаєте перевагу чесноті над розумом чи зовнішністю"
„und Sie verdienen jemanden, in dem diese Eigenschaften vereint sind"
"і ти заслуговуєш на когось, в якому ці якості об'єднані"
„Du wirst eine großartige Königin sein"
"ти будеш великою королевою"
„Ich hoffe, der Thron wird deine Tugend nicht schmälern"
«Сподіваюся, трон не зменшить вашої чесноти»
Dann wandte sich die Fee an die beiden Schwestern
тоді фея звернулася до двох сестер

„Ich habe in eure Herzen geblickt"
«Я бачив у ваших серцях»
„und ich kenne die ganze Bosheit, die in euren Herzen steckt"
"і я знаю всю злобу у ваших серцях"
„Ihr beide werdet zu Statuen"
"Ви двоє станете статуями"
„Aber ihr werdet euren Verstand bewahren"
"але ви збережете свій розум"
„Du sollst vor den Toren des Palastes deiner Schwester stehen"
«ти будеш стояти біля воріт палацу твоєї сестри»
„Das Glück deiner Schwester soll deine Strafe sein"
"Щастя твоєї сестри буде тобі покаранням"
„Sie werden nicht in Ihren früheren Zustand zurückkehren können"
"ти не зможеш повернутися в колишні стани"
„es sei denn, Sie beide geben Ihre Fehler zu"
"Якщо ви обоє не визнаєте свої провини"
„Aber ich sehe voraus, dass ihr immer Statuen bleiben werdet"
"але я передбачаю, що ви завжди залишатиметеся статуями"
„Stolz, Zorn, Völlerei und Faulheit werden manchmal besiegt"
«Гордість, гнів, ненажерливість і неробство іноді перемагаються»
„aber die Bekehrung neidischer und böswilliger Gemüter sind Wunder"
" але навернення заздрісників і злих розумів - це чудеса"
sofort strich die Fee mit ihrem Zauberstab
миттєво фея вдарила паличкою
und im nächsten Augenblick waren alle im Saal entrückt
і за мить усіх, хто був у залі, розвезли
Sie waren in die Herrschaftsgebiete des Fürsten eingedrungen

вони пішли в княжі володіння
die Untertanen des Prinzen empfingen ihn mit Freude
піддані князя прийняли його з радістю
der Priester heiratete die Schöne und das Biest
священик одружив красуню і чудовисько
und er lebte viele Jahre mit ihr
і він прожив з нею багато років
und ihr Glück war vollkommen
і їхнє щастя було повним
weil ihr Glück auf Tugend beruhte
тому що їхнє щастя було засноване на чесноті

Das Ende
Кінець